BEI GRIN MACHT SICH IHR WISSEN BEZAHLT

- Wir veröffentlichen Ihre Hausarbeit,
  Bachelor- und Masterarbeit

- Ihr eigenes eBook und Buch -
  weltweit in allen wichtigen Shops

- Verdienen Sie an jedem Verkauf

Jetzt bei www.GRIN.com hochladen und kostenlos publizieren

Bibliografische Information der Deutschen Nationalbibliothek:

Die Deutsche Bibliothek verzeichnet diese Publikation in der Deutschen National-bibliografie; detaillierte bibliografische Daten sind im Internet über http://dnb.d-nb.de/ abrufbar.

Impressum:

Copyright © 2018 GRIN Verlag
Druck und Bindung: Books on Demand GmbH, Norderstedt Germany
ISBN: 9783668840348

Dieses Buch bei GRIN:

https://www.grin.com/document/450854

Carolin Nothof

Aus der Reihe: e-fellows.net stipendiaten-wissen

e-fellows.net (Hrsg.)

Band 2924

Das World Wide Web. Ein Rück- und Ausblick

GRIN Verlag

GRIN - Your knowledge has value

Der GRIN Verlag publiziert seit 1998 wissenschaftliche Arbeiten von Studenten, Hochschullehrern und anderen Akademikern als eBook und gedrucktes Buch. Die Verlagswebsite www.grin.com ist die ideale Plattform zur Veröffentlichung von Hausarbeiten, Abschlussarbeiten, wissenschaftlichen Aufsätzen, Dissertationen und Fachbüchern.

Besuchen Sie uns im Internet:

http://www.grin.com/

http://www.facebook.com/grincom

http://www.twitter.com/grin_com

Fachbereich Betriebswirtschaft

Hausarbeit im Rahmen der Veranstaltung
„Aktuelle Fragestellungen der Wirtschaftsinformatik"
als Auflage im Studiengang
M.Sc. Information Management

Das World Wide Web:
Ein Rück- und Ausblick

Abgabe: 04.04.18

Studierende: **Carolin Nothof**

Inhaltsverzeichnis

Abbildungsverzeichnis

Abkürzungsverzeichnis

ARPA	Advanced Research Projects Agency
DNS	Domain Name System
FTP	File Transfer Protocol
HTML	Hypertext Markup Language
HTTP	Hypertext Transfer Protocol
IETF	Internet Engineering Task Force
IP	Internet protocol
IPv4	Internet Protocol Version 4
IPv6	Internet Protocol Version 6
ISP	Internet Service Provider
SIP	Session Initiationn Protocol
TCP	Transmission control protocol
URI	Unified Resource Identifier
VoIP	Voice over IP
W3C	World Wide Web Consortium

1 Einleitung

Sei es als Studierender an einer Hochschule, im Beruf oder in der Freizeit: das World Wide Web unterstützt eine Vielzahl an Menschen in unterschiedlichsten Situationen und bei verschiedensten Fragestellungen. Es ist zur Selbstverständlichkeit geworden, nach benötigten Informationen zu *googlen* und diese auf Abruf griffbereit zu haben. Das World Wide Web hat das Leben der Menschen verändert, es hat viele neue Gefahren mit sich gebracht und mindestens genauso viele positive Entwicklungen begünstigt. Aus diesen Gründen ist es relevant zu verstehen, wie es zu der Entstehung solch eines bedeutsamen Netzwerkes gekommen ist. Ein Blick auf die Gesamtanzahl an Webseiten auf Abbildung 1.1 zeigt ein nahezu exponentielles Wachstum seit den 90er Jahren. In Anbetracht des wichtigen Einflusses und des Erfolges des Web, ist auch die Überlegung naheliegend, wie es sich nun weiterentwickeln wird.

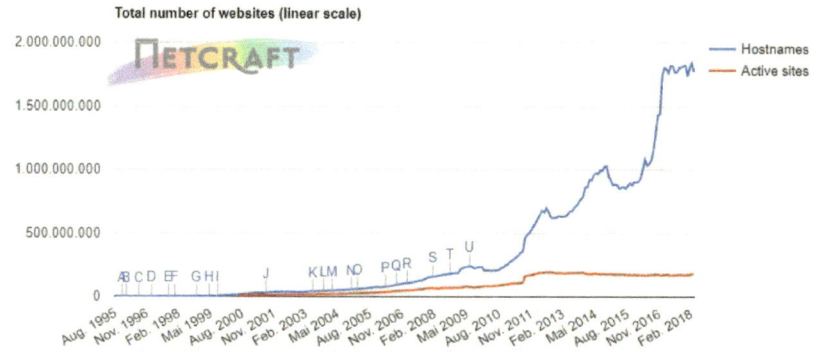

Abbildung 1.1: Anzahl an Webseiten weltweit (Netcraft, 2018, Web Server Survey)

Die vorliegende Arbeit möchte einen groben Überblick darüber verschaffen, woher das Web kommt, wie es funktioniert und wie es sich vom Internet unterscheidet. Ein weiteres Ziel ist das Verständnis verschiedener Herausforderungen und Hürden, denen sich das Web aktuell stellen muss, sowie die Untersuchung spezifischer Web-Technologien.

Im ersten Teil wird daher zunächst ein Rückblick sowohl auf die Entwicklung des Internets, als auch auf die des Webs, gegeben. Nach einem kurzen Exkurs zum W3C werden Internet und Web auch in ihrer Funktionsweise gegenübergestellt. Wie Abbildung 1.2 veranschaulicht, wird im zweiten Teil genauer auf drei aktuelle Herausforderungen des Web eingegangen, nämlich der momentanen Diskussion über Netzneutralität, dem seit wenigen Jahren verstärkten Bewusstsein über Datenmissbrauch, sowie des eher weniger öffentlich diskutierten Problems des Zugangs zum Web. Abschließend werden die beiden Web-Technologien WebRTC und (Open) Linked Data vorgestellt, um einen Eindruck zu gewinnen, in welche Richtungen sich das Web entwickelt und welches weitere Potenzial in ihm steckt.

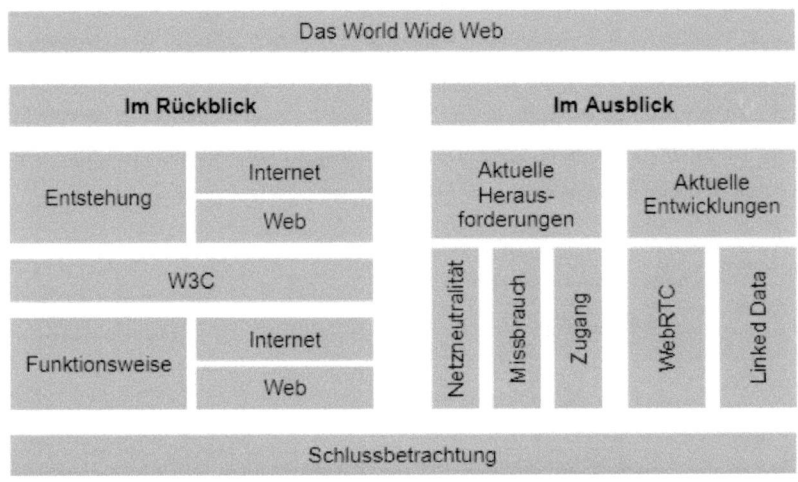

Abbildung 1.2: Aufbau dieser Arbeit (eigene Darstellung)

2 Ein Rückblick auf das World Wide Web

Dass ein Netzwerk geschaffen werden würde, welches die geographischen Barrieren weltweiter Kommunikation überwinden würde und welches mehr Information als jegliche Bibliothek auf Abruf bereithälten würde, damit hätte vor nur einem Jahrhundert noch Niemand rechnen können. Wie also kam es zu der Entwicklung des Internet und anschließend zu der Erfindung des World Wide Web?

2.1 Entstehung des Internet

Das Schlagwort zu den Urspüngen des Internet lautet ARPANET, ein im Jahr 1969 durch die *Advanced Research Projects Agency* (ARPA) entwickeltes Netzwerk von Computern. Im Jahr zuvor wurde diese Behörde vom US-amerikanischen Verteidigungsministerium ins Leben gerufen. Nachdem die Sowjetunion 1967 den ersten Satellit, Sputnik 1, ins Weltraum starten ließ, wurde ARPA damit beauftragt, die amerikanische Technologie-Führerschaft zurückzuerlangen. Das ARPANET basierte auf einer innovativen Übertragungstechnologie aus der Telekommunikation: der Paketvermittlung (*Packet Switching*). Paul Baran, einer der Väter dieser Technologie, stellte die Paketvermittlung ursprünglich dem Verteidigungsministerium als dezentrales und flexibles Kommunikationsnetzwerk vor. Ziel war die Schaffung eines Netzwerks, welches nicht von einem zentralen Knoten abhängig war und damit einen Atomwaffenangriff überstehen könnte, wie Abbildung 2.1 verdeutlicht. Obwohl das ARPANET nicht dieses primäre Ziel verfolgte, machte es sich die Technologie zunutze, um zunächst vier und innerhalb von zwei Jahren 15 universitäre Forschungszentren in den USA zu verbinden (vgl. *Castells, 2004, S. 20*).

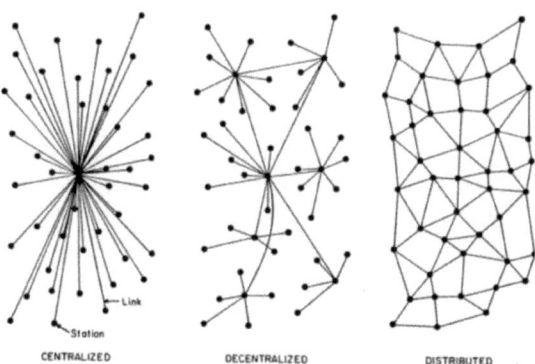

Abbildung 2.1: Zentrale, dezentrale und verteilte Netzwerke (Baran, 1964, S.2)

5

Eine Herausfoderung bestand nun darin, dieses Netzwerk auch mit anderen Computernetz-werken, wie das von ARPA betriebene PRNET und SATNET kompatibel zu machen, um eine Interakion zu ermöglichen. Hierzu bedurfte es einem standardisierten Kommunikations-protokoll: 1973 wurde dieser Bedarf teilweise durch die Entwicklung des *transmission control protocol* (TCP) gedeckt. Fünf Jahre später wurde dieses Protokoll um das *internet protocol* (IP) ergänzt, welches den heutigen Standard des TCP/IP hervorbrachte.

Wie kam es aber zu der massiven Ausbreitung des Netzwerks zu weltweitem Ausmaß? Nach seiner ursprünglichen Bestimmung, nämlich der Vernetzung verschiedener universitärer Kno-ten, wurde das ARPANET eine Zeit kang im militärischen Umfeld betrieben. Das Verteidi-gungsministerium beschloss früh, die Technologie des Internets zu kommerzialisieren und hatte in den 1980er Jahren eine Einbeziehung des TCP/IP-Protokolls der Computerhersteller finanziert, sodass 1990 der Großteil der US-amerikanischen Computer die Fähigkeit der Ver-netzung besaßen. Private Internetprovider errichteten Anfang der 90er Jahre eigene Netzwer-ke und Gateways, was dem nun globalen Netzwerk von Netzwerken ebenfalls zum Wachstum verhalf. Ermöglicht wurde diese Expandition durch die ursprüngliche Architektur des ARPANET, die das Hinzufügen neuer Knoten durch die offenen Kommunikationsprotokolle und die dezentrale Struktur ermöglichte (vgl. *Castells, 2004, S. 21-22*). Verschiedene Meilen-steine in der Entwicklung des Internet werden in Abbildung 2.2 kenntlich gemacht. Von im-menser Bedeutung für die Ausbreitung des Internets war aber zweifelsohne auch das im Jahr 1989 entwickelte World Wide Web.

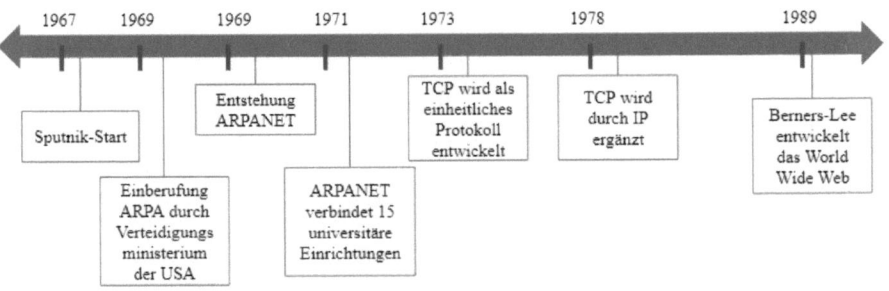

Abbildung 2.2: Meilensteine in der Entstehung des Internet (eigene Darstellung)

6

2.2 Geschichte des World Wide Web

Einer der ersten Dienste des Internets, welcher bis heute große Bekanntheit genießt, ist die E-Mail. Im Gegensatz zu der weit verbreiteten Annahme, dass es sich beim World Wide Web und dem Internet um synonyme Begriffe handelt, ist das Web lediglich als eine weitere Internet-Anwendung neben der E-Mail und anderen im Internet verfügbaren Diensten, wie das *File Transfer Protocol* (FTP) oder die Internettelefonie zu verstehen. Das *World Wide Web Consortium* (W3C), welches für Standardisierungen rund um das Web Verantwortung trägt, hat deshalb auf seiner Internetpräsenz eine Abgrenzung beider Begriffe bereitgestellt. Während es sich bei dem Internet um ein Netzwerk bestehend aus verbundenen Computer-Netzwerken handelt, ist das Web ein Informationsraum, dessen Ressourcen durch sogenannte *Unified Resource Identifier* (URI) identifiziert sind (vgl. *W3C, o.J., Help and FAQ*). Dennoch ist das Web offensichtlich nicht irgendein Dienst im Internet: Tatsächlich kann die Ankuft des Webs im Internet von seiner Relevanz her verglichen werden mit den Auswirkungen, die die Erfindung des Verbrennungsmotors für Landstraßen hatte (vgl. *Gillies, Cailliau, 2000, S. 1*).

Woher aber kam das Web? Die Idee dafür ergab sich, als der britische Informatiker Tim Berners-Lee am CERN in Genf als Software-Ingenieur zu arbeiten begann und feststellte, dass die Einrichtung Schwierigkeiten bei der Weitergabe von Informationen hatte. Die Informationen des CERN waren auf verschiedenen Computern gespeichert, auf die jeweils einzeln zugegriffen werden musste. Oft musste sogar die Benutzung spezifischer Programme erlernt werden, um auf die Information zugreifen zu können. Der Informatiker schlug eine Lösung für dieses Problem vor und dachte dabei an das Internet, welches bereits Millionen von Computern miteinander verband. Seine Idee war, dass diese Computer Information miteinander teilen sollten, indem sie von der Hypertext-Technologie Gebrauch machten.

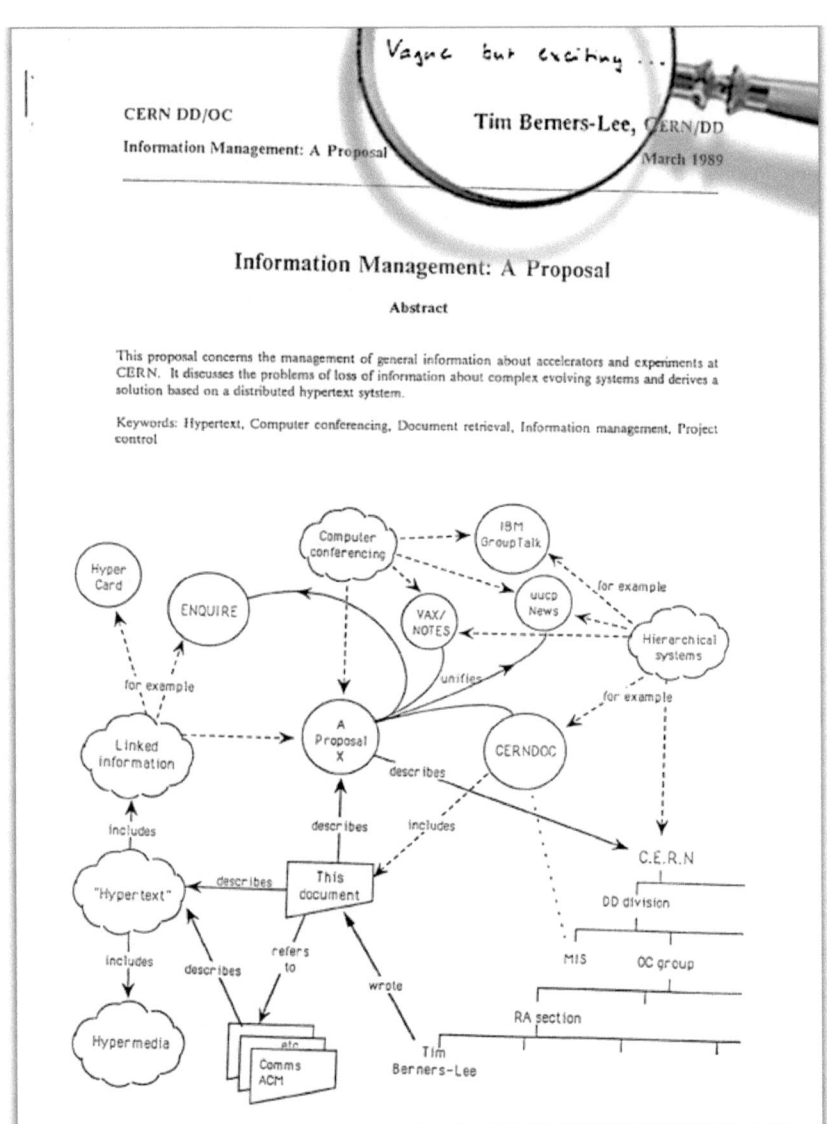

Abbildung 2.3: Berner-Lees Vorschlag zum Web an seinen Chef Mike Sendall (CERN, 1989, Tim Berner Lee's proposal)

**Abbildung 2.4: Abbildung 2.4:
Tim Berners-Lee (W3C, o.J.c,
Answers for Young People)**

Es war 1989, als Berners-Lee seine Idee in dem Dokument: *„Information Management: A Proposal"* Kund tat. Wie Abbildung 2.3 zeigt wurde der Vorschlag, der auf dem Deckblatt eine grafische Skizze des zukünftigen Webs zeigte, von seinem Chef Mike Sendall als „vage, aber aufregend" bewertet, was Berners-Lee zumindest das Recht einräumte, sich nebenher mit seinem Projekt zu beschäftigen. Obwohl dem Vorschlag zunächst nicht allzu viel Beachtung geschenkt wurde, hielt der Erfinder an seinem Konzept fest und hatte im folgenden Jahr die drei Technologien entwickelt, welche noch heute die Grundlage des Webs bilden:

- HTML: *Hypertext Markup Language*, die Formatierungssprache des Webs
- URI: *Uniform Resource Identifier*, eine einzigartige Adresse, die die Ressourcen im Web identifiziert.
- HTTP: *Hypertext Transfer Protocol*, ermöglicht den Aufruf verlinkter Ressourcen des Webs (vgl. *World Wide Web Foundation, o.J., History of the Web*).

1990 war das Web-Pojekt allerdings noch immer nicht offiziell genehmigt und war zu diesem Zeitpunkt auf einem einzigen Computer im CERN vorhanden. Für eine ofizielle Unterstützung musste der Vorschlag „Information Management" in einen formellen Antrag mit technischen Details, Meilensteinen, Budget- und Personalplanung weiterentwickelt werden. Bei der Erstellung dieses Projektplans wurde Berners-Lee von Robert Cailleau unterstützt, der sich auf die management-technischen Aspekte fokussierte, ausführlich erläuterte, worin die Vorteile des Webs lagen und welche Kosten damit verbunden waren.

Der resultierende Antrag *„WorldWideWeb: Proposal for a HyperText Project"* war konkreter als der eingängliche Vorschlag: sechs Monate, insgesamt fünf Mitarbeiter und 80.000

Schweizer Franken wurden beantragt, um im Gegenzug eine benutzerfreundliche Oberfläche bereitzustellen, mit der auf alle digitalen Informationen des CERN zugegriffen werden könnte. Die Reaktion des CERN-Managements war nüchterner als erwartet: Nur Berners-Lee, Cailleau und die Praktikantin Nicola Pellow als Browser-Entwicklerin, würden sich dem Projekt in Vollzeit widmen dürfen, jedoch mit viel weniger Ressourcen als beantragt. Das Institut war sehr vorsichtg bei der Zuteilung von Ressourcen, wenn es nicht um Forschungsprojekte rund um die Physik ging. Das Management hielt das Web zwar für ein nützliches Tool neben E-Mail, FTP und Usenet-News, die im Institut für den Informationsaustausch genutzt wurden. Eine wirkliche Notwendigkeit dieses Werkzeugs, neben den bereits Verwendeten, sah man Ende 1990 allerdings noch nicht (vgl. *Gillies, Cailliau, 2002, S. 220-226*).

Innerhalb der folgenden zwei Jahre kämpften Cailleau und Berners-Lee weiterhin um Ressourcen, die ihnen stets nur teils zugestanden wurden. Der Erfinder des Web musste eine neue Strategie verfolgen, um seine Idee eines weltweiten Netzwerks, trotz der mangelnden Unterstützung seitens CERN, umzusetzen. Er entwickelte eine Art Baukasten mit dessen Hilfe es Dritten möglich war, eigene Browser zu entwickeln. Es gelang ihm, diesen in Absprache mit dem CERN kostenlos zur Verfügung zu stellen und so tauchten im Laufe eines Jahres Browser für die am weitesten verbreiteten Computersysteme auf: X-Window, Macintosh und PC. Auch der im Web verfügbare Informationsbestand wuchs nach und nach: Neben dem CERN gab es Ende 1991 die ersten Server in verschiedenen Physik-Laboren Europas (vgl. *Gillies, Cailliau, 2002, S. 227*).

Im Jahr 1992 wurde das WWW schließlich zu einem anerkannten Dienst des CERN ernannt und es begann in den Routinetätigkeiten der Wissenschaftler Einzug zu halten. Das Webteam verbrachte nun viel Zeit damit, auf Konferenzen, Workshops und an Universitäten zu gehen, um für das Web zu werben und dessen Bekanntheitsgrad zu steigern: Der Wert des Webs wuchs schließlich mit jedem neuen Nutzer, der das Netzwerk benutzte und selbst Informationen hinzufügte (vgl. *Gillies, Cailliau, 2002, S. 248-249*). Anfang desselben Jahres wurde das Web außerdem offiziell dem Port 80 zugewiesen, was als offizielle Akzeptanz in der Welt des Internets angesehen werden kann. Jede Software, die aus dem CERN oder aus anderen am Web arbeitenden Institutionen kam, war fortan mit einem Port 80 ausgerüstet. Dies kann mit einer Art Postschalter verglichen werden, der nur Web-Anfragen annimmt und sich neben einer Reihe von weiteren Postschaltern befindet, welche andere anerkannte Internetdienste ausführen (vgl. *Gillies, Cailliau, 2002, S. 256-258*).

Schließlich gab es 1993 einen Funken, der ein exponentielles Wachstum des Webs nach sich zog: Der erste kommerzielle Browser wurde entwickelt, Mosaic. Dieser vom NCSA (*National Center for Supercomputing Applications*) freigegebene Browser war fortan für alle Macintosh- und PC-Besitzer durch einfaches Herunterladen zugänglich. Obwohl dies einen Erfolg für das Web bedeutete, betrachtete Berners-Lee den Browser mit gemischten Gefühlen: seine ursprüngliche Idee war die Bereitstellung eines Mediums, welches den Nutzern sowohl das Lesen, als auch das einfache Publizieren von Inhalten ermöglichte. Letztere Möglichkeit schien durch Mosaic nicht gegeben zu sein, sondern es trug eher dazu bei, dass es viele Leser, aber nur wenige Publizierer gab. Da Mosaic aber sehr benutzerfreundlich war trug es entscheidend zu der exponentiellen Ausbreitung des Webs bei (vgl. *Gillies, Cailliau, 2002, S. 265-272*).

Im gleichen Jahr wurde auch eine Funktion vergeben, die bisher nebenbei durch Berners-Lee ausgeführt wurde: die des virtuellen Bibliothekars, durch den Franzosen Arthur Secret. Dieser behielt einen Überblick über alle Webseiten und übernahm das Einpflegen und Klassifizieren in die Virtual Library, welche als Startseite diente und von der aus alle anderen Webseiten erreicht werden konnten. Da sich die Anzahl an neuen Webseiten bald monatlich verdoppelte, baute sich Secret ein Netzwerk zusätzlicher Helfer auf, die ihn bei seiner Aufgabe unterstützten. Es dauerte jedoch nicht lange, bis diese virtuelle Bibliothek kommerziellen Suchmaschinen wie Yahoo! weichen mussten (vgl. *Gillies, Cailliau, 2002, S. 275*).

Ein wichtiger Schritt, der zum Erfolg des Webs beitrug, war die 1993 verkündete Entscheidung, dass es sich nicht um einen komerziellen Dienst handeln würde, sondern Jeder freien Zugang zum Web und dessen Quellcode haben würde. Es zeigte sich jedoch bald, dass das CERN keine längerfristige Verantwortung für das Web übernehmen wollte, schließlich handelte es sich um ein Physik-Institut. Berners-Lee war allerdings in Kontakt mit dem MIT, für welches er 1994 das CERN verließ, um dort das W3C) zu gründen (vgl. *World Wide Web Foundation, o.J., History of the Web*).

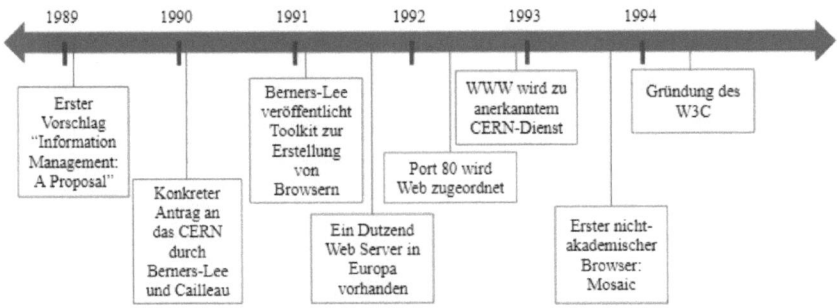

Abbildung 2.5: Meilensteine in der Entstehung des Weorld Wide Webs (eigene Darstellung)

2.3 World Wide Web Consortium

Das noch heute bestehende W3C kann neben dem CERN, in gewisser Weise, als die Brutstätte des Webs angesehen werden - seine Aufgabe ist es nämlich bis heute, das Web zu seinem vollen Potenzial zu führen und auf dem Weg dorthin durch die Erstellung von Web Standards zu begleiten. Geleitet durch seinen Schöpfer sowie den Geschäftsführer Jeffrey Jaffe, hat das W3C es sich vor allem zur Aufgabe gemacht, verschiedene Web-Technologien zu standardisieren (vgl. *W3C, o.J., About W3C*).

Bei der Verfolgung dieser Ziele, orientiert es sich an verschiedenen Grundlagen und Prinzipien:

- **Dezentralisierung**: Es gibt keine zentrale Autorität, die das Onlinestellen von Beiträgen gestattet. Webseiten können ohne eine Prüfungseinrichtung veröffentlicht werden.
- **Keine Diskriminierung**: Das Prinzip der Netzneutralität (siehe auch Abschnitt 3.1.1).
- **Bottom-Up-Programmierung**: Das Programmieren ist nicht einer kleinen Expertengruppe vorbehalten, sondern Jeder kann sich an den Inhalten des Webs beteiligen.
- **Universalität**: Alle über das Web verbundenen Computer müssen über die gleichen Protokolle kommunizieren, unabhängig von verwendetem Gerät oder dem Ort.
- **Konsens**: Bei der Standardisierung von Webtechnologien kann sich jeder in einem transparenten Prozess beteiligen. Durch diese Vorgehensweise wird der notwendige Konsens in der Nutzung der universellen Standards erreicht (vgl. *World Wide Web Foundation, o.J., History of the Web*).

Neben diesen Prinzipien verfolgt das W3C noch weitere Ziele. Eines ist zum Beispiel die Schaffung **universeller Zugangsmöglichkeiten** (siehe auch Abschnitt 3.1.3), sodass alle Menschen, unabhängig von ihrer Hard- und Software und besonders unabhängig von ihrer Herkunft oder anderen personenbezogenen Faktoren, auf das Web zugreifen können. Auch möchte das W3C ein **semantisches Web** (siehe auch Abschnitt 3.2.2) schaffen, sodass die im Web verwendeten Begriffe nicht nur von anderen Menschen, sondern auch von Computern verstanden werden können. Dies kann dazu beitragen, dass Menschen im Web schneller das finden, was sie suchen. Da es sich beim Web, im Gegensatz zu einer einfachen Zeitschrift, um ein interaktives Medium handelt, wo Kollaboration gefördert werden soll, versucht das W3C ein **Web des Vertrauens** zu schaffen. Eine weitere wichtige Aufgabe besteht darin, die **Interoperabilität** beizubehalten, sodass Nutzer die Software und Browser ihrer Wahl verwenden können und dank den offenen Programmiersprachen und Protokollen des Webs stets problemlos auf dieses zugreifen können. Mit dem weiteren Ziel der **Entwicklungsfähigkeit** möchte das W3C darauf hinweisen, dass das heutige Web schon morgen nicht mehr seinen Anforderungen entsprechen könnte und daher die Fähigkeit beibehalten muss, stets weiterentwickelt werden zu können. Schließlich möchte die Organisation ebenfalls dazu beitragen, die Attraktivität des Webs zu steigern, indem es die Bereitstellung verschiedenster **Multimedia**-Inhalte wie Videos, 3D-Effekte und Animationen ermöglicht (vgl. *W3C Deutschland/Österreich, 2013, W3C in sieben Punkten*).

2.4 Funktionsweise des Internet

Nun, da auf die Herkunft von Internet und World Wide Web eingegangen wurde, gilt es, beide Netzwerke auch in ihrer Funktionsweise zu verstehen. Beim Internet gleicht diese in gewisser Weise dem Verschicken von Briefen: Durch Straßen sind alle Postämter miteinander verbunden und spezielle Lieferwagen bringen Briefe und Pakete von einem zum anderen Amt. Wer einen Brief verschickt, muss zumindest die Adresse des Empängers angeben, die eigene Adresse, um eine Antwort erhalten zu können und eine Nachricht. Der Brief wird vom Absender in einen Briefkasten geworfen, wo er zuerst an das nächstgelegene Postamt weitergeleitet wird, um von dort aus, je nach angegebener Empfänger-Adresse, weitergesendet zu werden. Bevor die Sendung ankommt, kann sie zwischendurch an verschiedenen Postämtern und Logistikzentren vorbeikommen. Im Gegensatz zum Telefonnetzwerk wird das Paket im Internet nicht auf einem einzigen Lieferwagen vom Start bis zum Ziel gelangen. Vielmehr wird es einen oder mehrere Lieferwagen mit anderen Paketen teilen. Ein weiterer Unterschied des Internets zum Telefonnetzwerk ist, dass man bei einem funktionierenden Postdienst davon ausgehen kann, dass das Paket früher oder später beim Empfänger ankommen wird, wohingegen ein Anruf nicht immer entgegen genommen wird *(vgl. Gillies, Cailliau, 2000, S. 4-5)*.

Um die Analogie weiterzuführen, muss man sich vorstellen, man wolle eine längere Nachricht verschicken, die vom Postamt allerdings nur in Form von Postkarten entgegengenommen werden kann. In diesem Fall müsste auf den Postkarten neben den Adressen auch die Reihenfolgennummer notiert werden, damit der Empfänger die verschiedenen Karten wieder zu einer gesamten Nachricht zusammenfügen kann. Charakteristisch ist für das Internet außerdem, dass ein Paket selbst dann ankommt, wenn ein Postamt auf dem Weg nicht in Betrieb ist - in diesem Fall wird das Paket einfach über eine alternative Route geleitet *(vgl. Gillies, Cailliau, 2000, S. 5-6)*.

Da es sich beim Internet um ein Kommunikationsnetzwerk handelt, spielen auch sogenannte Protokolle eine wichtige Rolle. Es handelt sich hierbei um eine „Übermittlungsvorschrift bei der Datenübertragung, die die gesamten Festlegungen für Steuerung und Betrieb der Datenübermittlung in einem Übermittlungsabschnitt (z.B. benutzter Code) umfasst" *(Lackes, 2018, Protokoll)*. Das Basis-Protokollset des Internets nennt sich TCP/IP. Hierbei ist das IP die Verkehrssprache der Computer-Kommunikation, mit welcher Router Pakete weiterleiten können. Individuelle Netzwerke können zwar über andere Protokolle als TCP/IP kommunizieren. Der Router, der sie jedoch mit dem Internet verbindet und als Gateway bezeichnet wird, muss die Pakete per IP weiterleiten. Die Aufgabe des TCP hingegen ist es, die zu versendende Information in Pakete aufzuteilen, jedes Paket mit Sender- und Empängeradresse zu versehen und die Pakete beim Eingang wieder zu einer Nachrcht zusammenzusetzen. Falls durch das IP zwischendurch ein Paket verlorengeht, so wird dies vom TCP festgestellt und erneut angefordert *(vgl. Gillies, Cailliau, 2000, S. 7)*.

Die Sender- und Empfänger-Adressen im Internet sind sogenannte IP-Adressen. Jeder Computer, der über das Internet kommuniziert, erhält also eine eindeutige IP-Adresse, welche entweder eine *Internet Protocol Version 4* (IPv4) oder eine *Internet Protocol Version 6* (IPv6) -Adresse sein kann. Während Erstere aus vier Zahlen zwischen 0 und 255 besteht und damit eine 32-Bit-Nummer ergibt, handelt es sich bei der neueren Version aus einer längeren Zahlenfolge mit 128 Bit, welche aus Gründen der Adress-Knappheit ins Leben gerufen wurde. Da solche Zahlenfolgen für den menschlichen Gebrauch nicht allzu bequem sind, werden IP-

Adressen durch das *Domain Name System* (DNS) in einfacher zu merkende Domänennamen übersetzt. Durch diese natürlichsprachlichen Adressen können Benutzer dann den jeweiligen Computer im Internet erreichen (vgl. *Laudon et al., 2010, S. 367-368*).

2.5 Funktionsweise des WWW

Wenn ein Nutzer eine Webseite aufrufen möchte und dafür einen Domänennamen in seinem Browser eingibt, erhält er also von einem DNS-Server die entsprechende IP-Adresse des Web-Servers. Dort kann er dann die gewünschte Webseite anfragen, wie in Abbildung 2.6 erkenntlich. Es handelt sich hierbei um eine Client-Server-Architektur: der Client fragt eine Webseite an und der Server stellt diese zur Verfügung. Wie bereits kurz erwähnt, setzt sich das World Wide Web aus drei Kernkonzepten zusammen: dem Übertragungsprotokoll HTTP, die Dokumentbeschreibungssprache HTML und die einheitlichen Adressierungs- und Ressourcen-Lokalisierer URL bzw. URI. Die im Web verwendete Hypertext-Technologie ermöglicht es Nutzern, auf markierte Schlüsselwörter zu klicken, um zu verwandten Dokumenten zu gelangen. Sie können dabei einfach ihrer eigenen Logik folgen, um sich zwischen den verschiedenen Dokumenten zu bewegen (vgl. *Laudon et al., 2010, S. 384*).

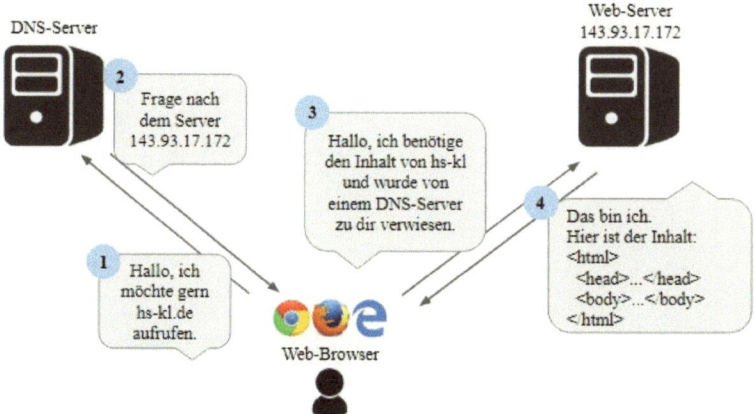

Abbildung 2.6: Abfrage einer Webseite (vgl. *VPS Notes, 2014, Domain Name Server*)

Laut dem W3C setzt sich die Architektur des Webs aus den folgenden drei Kernelementen zusammen:

- **Identifikation**: URIs werden zur Identifikation der Ressourcen verwendet. Beispielsweise die URI https://www.hs-kl.de/ führt zu der Ressource von regelmäßig aktualisierten Informationen rund um die Hochschule Kaiserslautern.

- **Interaktion**: Web Agenten, also Menschen und Software, die im Web agieren benutzen Protokolle, die Interaktion durch den Austausch von Nachrichten ermöglichen. Wenn ein URI im Browser eingegeben wird oder ein Link geöffnet wird, dann wird eine HTTP GET-Anfrage via den TCP/IP Port 80 an den Server von beispielsweise hs-kl.de gesendet. Der Server sendet eine Repräsentation der Ressource zurück.

- **Formate**: Die meisten Protokolle die beim Abruf der Darstellung verwendet werden, greifen auf verschiedene Nachrichten zurück, die zusammen Nutzdaten der Darstellungs- und Metadaten enthalten, um die Darstellung zwischen den beiden Agenten zu übertragen *(vgl. W3C, 2004, Architecture of the World Wide Web, Volume One)*.

Nun, da ein grobes Verständnis für das Web und das Internet gegeben ist, werden verschiedene Perspektiven, sowohl aus kritischer als auch aus positiver Sicht, bewertet.

3 Perspektiven des World Wide Web

3.1 Aktuelle Herausforderungen

3.1.1 Netzneutralität

Unter Netzneutralität versteht man die gleichberechtigte und priorisierungslose Übermittlung von Daten im Internet was bedeutet, dass *„Netzbetreiber keinen Unterschied bei den Inhalten oder Anwendungen in ihren Netzen machen oder diese aufgrund eigener Interessen beschränken dürfen"* *(Deutscher Bundestag, 2010, Definition für Netzneutralität finden)*.

Greift man die Metapehr des Internets als Postdienst wieder auf, würde dies im Zusammenhang der Netzneutralität bedeuten, dass alle Lieferwagen mit Datenpaketen mit gleicher Geschwindigkeit auf der Autobahn unterwegs sind. Bereits heute gibt es hiervon aber Ausnahmen, wie Video- und Audio-Streamingdienste, welche von vielen Netzbetreibern bevorzugt behandelt werden. Wenn die Netzneutralität aufgegeben wird, so bedeutet das Nachteile für junge Unternehmen, die sich einen teureren Vertrag mit dem *Internet Service Provider (ISP)* nicht leisten können. Auch könnten aus datenschutzrechtlicher Sicht Probleme entstehen, weil die Netzbetreiber die Datenpakete auf ihren Inhalt hin untersuchen müssten, um sie entsprechend zu priorisieren. Netzbetreiber befürworten ein Ende der Netzneutralität, da sie durch Drosselung bestimmter Datenpakete eine effizientere Verteilung der Bandbreite erreichen könnten ohne hohe Investitionen in den Ausbau der Netze in Kauf nehmen zu müssen *(vgl. Ebmeyer, 2017, #kurzerklärt: Was bedeutet Netzneutralität?)*.

Erst im Dezember 2017 wurde in den USA beschlossen, die Netzneutralität aufzugeben. In Europa hingegen ist ihre Erhaltung weiterhin gewollt, wie der europäische Digitalkommisar Andrus Ansip erst im Februar diesen Jahres beim Mobile World Congress betonte. Von US-amerikanischer Seite aus wurde die Entscheidung damit gerechtfertigt, dass die USA lediglich zur üblichen Regelung zurückkehre, welche vor Obamas Zeit galt. Ajit Pai, der Chef des Telekom-Regulierers FCC, sieht die Abschaffung der Netzneutralität auch als einen Motivator für Mobilfunk-Anbieter, um den Ausbau des zukünftigen schnellen 5G-Datenverkehrs voranzutreiben (vgl. *Heise, 2018, EU-Digitalkommissar will Netzneutralität verteidigen*).

3.1.2 Überwachung und Missbrauch

Eine weitere Bedrohung, die die Freiheit des Webs gefährdet, ist das sogenannte Tracking. Tracker spionieren dabei den nichtsahnenden Nutzer aus, indem sie verfolgen, welche Webseiten dieser besucht. In Zeiten von Big Data ist es für Unternehmen relevanter denn je, Verbraucherdaten zu sammeln und diese zu analysieren, um ihre Werbestrategie und ihre Geschäftsmodelle entsprechend anzupassen. Tracking ist dabei eine Methode, mit welcher Unternehmen Informationen über die Wünsche und Probleme von Verbrauchern gewinnen können, um damit ihre Werbung zu personalieren (vgl. *Schneider, Enzmann, Stopczynski, 2014, S.7*).

Problematisch ist aber die Tatsache, dass solche Tracking-Daten nicht nur zu Werbezwecken verwendet werden. Hochinteressant sind sie beispielsweise auch zur Einschätzung der Kreditwürdigkeit von Verbrauchern oder der Einstufung in eine Risikoklasse der Krankenversicherung. Das Fraunhofer Institut für Sichere Informationstechnologie (SIT) hat in einem umfangreichen Web-Tracking-Report darauf hingewiesen, welche Risiken durch Tracking entstehen. Unter anderem wird ein Verlust der Freiheit angeführt, der sich dadurch ergibt, dass Personen, die sich des Web Trackings bewusst sind, aus Angst vor Konsequenzen ihr Verhalten verändern. Auch kann Tracking eine Schwächung der Demoktatie bewirken, da Unternehmen ihr Werbebudget immer weniger in Printmedien investieren, sondern verstärkt in zielgerichtete Anzeigen im Web. Zeitungen könnten sich also immer weniger finanzieren, wodurch der Meinungspluralismus gefährdet werden könnte. Tatsächlich ist die mit Tracking verbundene Anzahl der Risiken immens (vgl. *Schneider, Enzmann, Stopczynski, 2014, S.12*).

Professor Arvind Narayanan, ein Datenschutz-Forscher der Princeton-Universität klärt auf, dass Daten-Tracker immer ausgefeiltere Methoden anwenden, um an persönliche Daten zu gelangen. Als Schutzmaßnahmen empfiehlt er den Wechsel zu speziellen Browsern, wie Brave, sowie verschiedene Browser-Erweiterungen. Browser-Anbieter seien in der Regel neutral gegenüber Web-Tracking. Der bereits bestehende Ingognito-Modus schütze den Nutzer zwar vor einer Spionage durch Nutzer desselben Geräts, nicht jedoch vor Tracking - eine für Narayanan inakzeptable Einstellung (vgl. *Sokolov, 2018, WWW: Tracking-Methoden werden brutaler, Browser-Hersteller schauen weg*).

Der Experte erklärt, dass Datendealer Nutzer über verschiedene Webseiten hinweg identifizieren möchten, um Nutzungsprofile zu erstellen, welche sich leicht de-anonymisieren und an

Werbetreibende verkaufen ließen. Sogenannte *Session Replay Scripts* könnten außerdem in die Webseite eingebaut werden, um alle Mausbewegungen, Dateneingaben und selbst nicht abgeschickte Dateneingaben aufzuzeichnen. Oft bauen die Betreiber von Webseiten solche Scripe unbewusst in ihren Code ein: Sie erhalten Code-Zeilen von Werbe-Firmen, die sie dann ahnungslos übernehmen (vgl. *Sokolov, 2018, Online-Apotheke verrät Dritten Ihre Medikation*).

Wie die Forschungsgruppe des Fraunhofer SIT sieht auch Narayanan den fehlenden Datenschutz als Bedrohung der Demokratie, da sich die Gesellschaft nur durch privaten Meinungsaustausch weiterentwickeln könne. Ein Beispiel hierfür sei die Gleichstellung Homosexueller, welche ihren Ursprung in privaten Diskussionen fand und ohne diese womöglich nie ihren Lauf genommen hätte. Da das Web einen so fundamentalen Einfluss auf die Gesellschaft habe, sei es keine Option für Browser-Anbieter untätig zu bleiben (vgl. *Sokolov, 2018, "Schlechter Datenschutz gefährdet Demokratie"*).

3.1.3 Zugang zum Web

Folgende Herausforderung wird in westlichen Ländern klassischerweise weniger stark wahrgenommen. Im Jahr 1995, also sechs Jahre nachdem die Idee für das Web geboren war, hatte weniger als 1% Zugang zum Internet. Der Trend war allerdings eindeutig: 2005 war die erste Milliarde der Bervölkerung online, bis 2010 kam die nächste Milliarde hinzu und 2014 waren bereits 3 Milliarden Menschen von ihrem zu Hause aus über das Web verbunden, wie Abbildung 3.1 veranschaulicht.

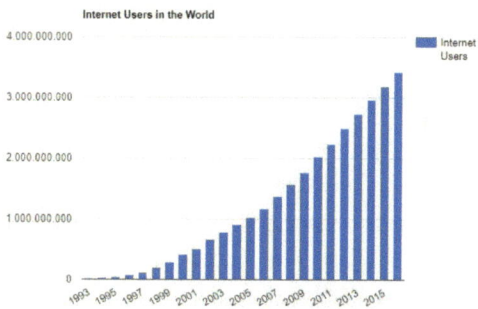

Abbildung 3.1: Anzahl der weltweiter Internetnutzer (vgl. Internet Live Stats, o.J., Internet Users)

Nun, zum Jahreswechsel 2018 hin, verfügt etwas über die Hälfte der Bevölkerung (54,4%) einen Zugang zum Internet (vgl. *Internet World Stats, 2017, Internet Usage Statistics*). Während das Internet in der ersten Dekade diesen Jahrhunderts einen rasanten Anstieg an Nutzern erlebte (mit einem durchschnittlichem Zuwachs von 20%), ist die zweite Dekade durch ein deutlich schwächeres Wachstum von durchschnittlich 10% im Jahr gezeichnet (vgl. *Internet Live Stats, o.J., Internet Users*). Die Gründe dafür sind einerseits die mangelhaften Infrastrukturen in wenig entwickelten Ländern, die steigenden Kosten für einen Internetzugang oder auch Sprachbarrieren zu den Inhalten im Internet. Demnach müssten Webinhalte in mindestens 92 Sprachen vorhanden sein, um von 80% der Bevölkerung verstanden werden zu können (vgl. *Internet.org, 2014, S.4, 32*). Neben diesen Faktoren hängt der Internetzugang aber auch vom Geschlecht ab: in Entwicklungsländer genießen fast 25% weniger Frauen als Männer das Privileg eines Zugangs zum Internet, wie eine Studie von Intel und Dalberg herausfand (vgl. *Intel, Dalberg, 2012, S.15*).

3.2 Aktuelle Entwicklungen

Fragt man Tim Berners-Lee nach seiner Meinung und Vision zur Entwicklung des Webs, erhält man folgende Antwort: Das Web sei ein Werkzeug zur Kommunikation, das Menschen dabei unterstützen kann, sich gegenseitig zu verstehen. Er weist darauf hin, dass viele negative Geschehnisse, sogar Kriege, auf mangelnde Kommunikation und Verständnis zwischen Menschen zurückzuführen seien. Das Web solle daher dazu genutzt werden, aufregende neue Dinge zu kreieren sowie um Personen zu helfen, sich besser zu verstehen (vgl. *W3, o.J., So do you think the Web is basically been a good idea or a bad one?*). In diesem Zusammenhang rückt eine Web-Technologie ins Interesse, deren Ziel es ist, Kommunikation zwischen Personen im Web zu erleichtern: WebRTC.

3.2.1 Web Real-Time Communication

3.2.1.1 Einführung in die Technologie

Betrachtet man die Geschichte der Kommunikation im Internet, stößt man zunächst auf die Email, einen Dienst, der bereits vor der Erfindung des Webs vorhanden war. Später wurde die klassische PSTN-Telefonie immer weiter zugunsten der IP-basierten Telefonie *Voice over IP* (VoIP) verlassen. Internetnutzer griffen bald auf Dienste wie Skype oder Google Hangouts zurück, um im Internet über Videotelefonie und Chat zu kommunizieren. Diese Art der Kommunikation gewann rasch an Beliebtheit, dank der geringen Kosten einerseits und der bereicherten Benutzererfahrung im Vergleich zu bloßen Sprachanrufen andererseits. Gemeinsam haben diese Art der Kommunikationstools jedoch eine gewisse Unflexibilität: Zunächst muss die Anwendung heruntergeladen werden, oder ein PlugIn installiert werden und im Anschluss kann lediglich mit Nutzern kommuniziert werden, die den gleichen Dienst ebenfalls installiert haben.

Mit *Web Real-Time Communication* (WebRTC) findet hier ein Wandel statt: die Technologie ermöglicht Sprach- und Videoanrufe sowie Datentransfer im Webbrowser, ganz ohne vorherige Downloads, Installationen oder Plug-Ins und sogar ohne den Bedarf einer spezifischen Soft- und Hardware. So muss beispielsweise ein Nutzer, der sich eine komerzielle Webseite anschaut und mit einem Kundenberater sprechen möchte, nicht mehr zum Telefonhörer greifen, sondern kann direkt auf der Webseite durch einen bloßen Klick auf einen URL einen Videoanruf starten. Dieser Link verbindet den Nutzer mit dem Webserver, der dann eine Webseite an den Empfänger weitersendet. Der Empfänger, also beispielsweise der Kundenberater, nimmt den Anruf in seinem Browser an und beide Beteiligten können sich sprechen und sehen (*vgl. Palat, Hart, 2014, S. 3-4*).

Zu den Hauptbegründern von WebRTC gehört Google, welches diese Technologie im Jahr 2011 als Open Source-Standard öffentlich zugänglich machte. Seitdem beschäftigen sich Organisationen wie die Internet Engineering Task Force (IETF) und das W3C damit, diese Technologie voranzutreiben und zu standardisieren (vgl. *Palat, Hart, 2014, S. 5*). Da das wichtigste Instrument und die Benutzeroberfläche für WebRTC der Browser ist, ist auch eine Unterstützung seitens der Browser-Hersteller notwendig. Gegeben war diese als Erstes bei Chrome, mit einem Nachzügeln weiterer Browser wie Firefox und Opera und letzten Endes wurde ebenfalls ein Support seitens Apple für den Safari-Browser bekanntgegeben (vgl. *WebRTC Ventures, 2017, WebRTC support in Safari 11*).

Aus technischer Sicht funktioniert die Technologie aufbauend auf HTML5 sowie Javascript, um das Echtzeit-Audio oder Video zu übertragen. Dabei kann die Kommunikation direkt zwischen zwei Browsern *peer-to-peer* stattfinden, also ohne zentralen, zwischengeschalteten Server. Um fortgeschrittenere Anwendungsfälle umzusetzen, können WebRTC-Applikationen auch in bestehende Telekommunikations-Infrastrukturen integriert werden. Da diese Telefonanlagen meist auf dem *Session Initiationn Protocol* (SIP) basieren, müssen die WebRTC-Ströme zunächst in dieses Protokoll übersetzt werden. Diese Brücke zwischen Web Echtzeit-Kommunikation und VoIP-Netzwerk wird durch ein WebRTC-Gateway hergestellt (*vgl. Palat, Hart, 2014, S. 3-4*).

3.2.1.2 Anwendungsbeispiele

Hat man das WebRTC-Prinzip verstanden, könnte man zu der Ansicht gelangen, dass es sich nicht um eine allzu revolutionäre Anwendung handelt. Video-Konferenzen sind in Unternehmen durch Anwendungen wie WebEx oder Skype for Business schließlich bereits Standard. Umso interessanter ist es zu verstehen, welche Szenarien mit dieser Technologie umgesetzt werden können und welche einen echten Mehrwert für Unternehmen und Anwender bieten.

In vielen Banken ist es bereits Realität, dass Personen nicht mehr zur Konto-Eröffnung in die Filiale kommen müssen, sondern dies von zu Hause aus, am Smartphone oder PC, durchführen können. In Deutschland und vielen anderen Ländern ist es von den Finanzaufsichtsbehörden jedoch vorgeschrieben, dass die Bank einen Videoanruf mit dem angehenden Kunden durchführt, um dessen Identität zu überprüfen. Dies ist eine ideale Anwendung für WebRTC, da der Kunde ein einmaliges Videogespräch mit einem Kundenberater durchführt und dafür keine spezifische Software herunterladen möchte (vgl. *Quobis, o.J., Customer Onboarding*). Das gleiche Prinzip kann nicht nur auf die Kontoeröffnung bei Banken angewandt werden, sondern auch auf den Versicherungsabschluss. Möchte ein Verbraucher beispielsweise eine KFZ-Versicherung abschließen, so muss die Versicherung entweder darauf vertrauen, dass das Fahrzeug im angegebenen Zustand ist oder ein Versicherungsverteter muss es selbst evaluieren. Bei erster Variante ist die Gefahr des Versicherungsbetrugs gegeben und bei letzerer Option müssen Kosten und Verzögerungen in Kauf genommen werden. Manche Versicherungen verlangen ein Foto von dem zu versichenden Auto, jedoch ist keinerlei Evidenz gegeben, dass es sich um aktuelle Fotos handelt. Eine Lösung wäre es hier, dem Kunden vor dem Online-Vertragsabschluss einen Link per SMS oder per E-Mail zu senden, der den Nutzer direkt in einen Videoanruf mit einem Angestellten leitet. Der Benuzer kann das zu versichernde Objekt und dessen Zustand nun live zeigen. Dies gilt nicht nur für den Vertragsabschluss, sondern auch wenn ein Unfall gemeldet wird. Laut Allianz ist jeder zehnte KFZ-Schaden manipuliert, oftmals durch absichtlich konstruierte Unfälle (vgl. *Allianz, o.J. Versicherungsbetrug: Die größten Tricks*). Wie ein aktueller Fall beweist, muss es noch nicht einmal zum Unfall kommen: eine Gruppe von Betrügern hat erst kürzlich in 102 Fällen Blech- und Lackschäden mit Hilfe von Photoshop simuliert und damit insgesamt 715.000 € bei den Versicherungen geltend gemacht (vgl. *Check24, 2018, Kfz-Versicherungsbetrug mit Photoshop*). Mit WebRTC-Anwendungen könnte hier Abhilfe geschaffen werden: Wenn der Versicherungsnehmer kurz nach dem Unfall seinen Schaden telefonisch meldet, könnte auch hier ein Link verschickt werden, der den Kunden in ein Videogespräch leitet, sodass der Berater die Situation genau verstehen und einschätzen kann (vgl. *Quobis, o.J., Using Live Video for Context Evaluation*).

Nicht nur die Kommunikation mit dem Kunden kann durch WebRTC vereinfacht werden, sondern auch die interne Kommunikation zwischen Mitarbeitern. Unternehmen, die mit klassischen Videokonferenzlösungen arbeiten, müssen diese Kommunikationsplattform auf jedem Gerät einzeln installieren, damit Mitarbeiter am Schreibtisch-Computer miteinander chatten können, Verfügbarkeit der Kollegen angezeigt bekommen, (Video-)Anrufe oder Screen-Sharing vornehmen können. Mit WebRTC können solche Funktionen direkt im Browser verfügbar gemacht werden. Ein neuer Mitarbeiter müsste dann einfach nur den Browser öffnen, um auf die Kommunikationsplattform zugreifen zu können, ohne vorher Programme zu installieren. Nützlich ist dies besonders für Mitarbeiter die nicht am Schreibtisch arbeiten und normalerweise keinen Zugriff auf die Videokonferenzlösungen des Unternehmens haben. Beispielsweise Fahrer von Lieferdiensten oder Verkäufer in Kleidergeschäften sind klassische Berufe, wo eine WebRTC-Anwendung im Smartphone sinnvoll ist, um Telefonkosten zu sparen und externe Mitarbeiter in die interne Kommunikation einzubinden. Außerdem können Unternehmen auf diese Weise entgegenwirken, dass Mitarbeiter via externen Chat-Anwendungen wie WhatsApp oder Facebook-Messenger miteinander kommunizieren und interne Daten an solche Dienste verloren gehen (vgl. *Palat, Hart, 2014, S. 14*).

3.2.2   Linked Open Data

3.2.2.1   Einführung in die Technologie

Fragt man Berners-Lee nach seiner Einschätzung zum aktuellen Entwicklungsstands des Webs, so hört man einerseits, dass sich seine Kreation zwar in Richtungen entwickelt hat, von denen er ursprünglich Nichts ahnte, aber dass andererseits noch immer nicht das volle Potenzial des Dienstes erlangt worden sei. Anstelle von Dokumenten, bittet er die Menschen nun, Daten im Web zu veröffentlichen. Es sei wichtig, viele Daten zu haben, da man diese kombinieren könne, um daraus ein Verständnis verschiedenster Geschehnisse ableiten zu können. Der Wert dieser Daten ergebe sich aus ihrem Volumen, ihrer Beziehung und Verküpfung. Berners-Lee bezeichnet diese Technologie als ***Linked Data*** und stellt drei Regeln dafür auf:

1. Das **HTTP-Protokoll** bezeichnet nicht mehr ausschließlich Dokumente, sondern auch alle **Dinge**, die von diesen Dokumenten umschrieben werden: Menschen, Orte, Produkte, Veranstaltungen.

2. Diese HTTP-Namen lassen den Nutzer auf Abruf auf wichtige und nützliche Information in einem **Standard-Format** zugreifen. Eine HTTP-Anfrage nach einer Person könnte Daten über deren Geburtsort beinhalten und eine Anfrage nach einem Event könnte Daten über die Teilnehmer enthalten.

3. Es handelt sich bei den abgerufenen Daten nicht nur um „harte Fakten", sondern um **Beziehungen** zwischen den Daten. Eine Anfrage nach einer Person könnte ergeben, dass diese aus Berlin kommt, Berlin selbst wäre eine HTTP-Adresse, die beinhalten würde, dass diese Stadt in Deutschland liegt und 3,6 Millionen Einwohner hat.

In diesem Zusammenhang stößt man auch oft auf den umfassenderen Begriff „Semantisches Web" oder „Web 3.0". Der erste Begriff wurde bereits 1999 eingeführt, um die Vision zu umschreiben, dass Daten im Web von Computern verstanden und verarbeitet werden können, sodass nicht nur Dokumente, sondern individuelle Daten zu einem Informationsnetzwerk verbunden werden. Web 3.0 beschreibt das gleiche Phänomen, allerdings mehr die Evolution des Webs beschreibend. Nachdem zunächst Dokumente von wenigen Autoren an viele Leser publiziert wurden (Web 1.0), ging es im nächsten Schritt zu einem dynamischen und interaktiven Web der sozialen Netzwerke über (Web 2.0). Das Web verband also im ersten Stadium Dokumente miteinander, um anschließend Menschen miteinander zu verbinden und nun auch rohe Daten zu verknüpfen (vgl. *Cambridge Semantics, o.J., The Many Names of the Semantic Web*).

Berners-Lee weist darauf hin, dass Wissenschaftler, die an Lösungen zu den Herausforderungen der Welt arbeiten, zwar über das Web kommunizieren, jedoch haben sie ihre Daten lediglich in Datenbanken gespeichert, auf die niemand zugreifen kann (vgl. *Berners-Lee, 2009, Min. 05:44*). Daher taucht neben *Linked Data*, also Daten, die in Beziehung zueinander stehen, auch oft der Begriff *Open Data* auf. Ähnlich dem Konzept *Open Source* sollen Inhalte für Bürger und Programmierer mit möglichst wenig legalen, finanziellen oder technischen

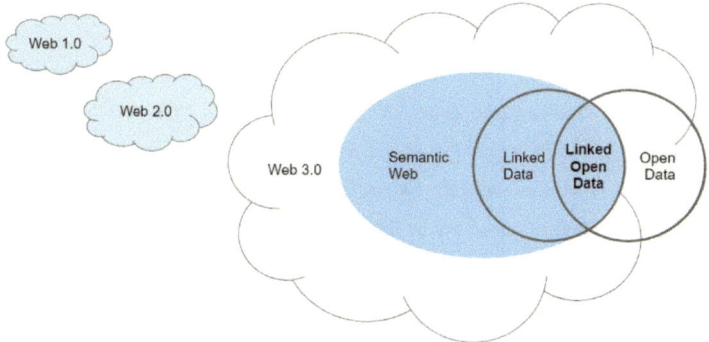

Abbildung 3.2: Linked Open Data im Kontext verwandter Begriffe (eigene Darstellung)

Einschränkungen zugänglich gemacht werden. Ein Beispiel für Open Data kann auf der Webseite https://openspending.org eingesehen werden: Hier kann nachvollzogen werden, für welche Zwecke Haushaltsgelder verschiedener Städte in verschiedenen Jahren aufgewendet wurden. In Abbildung 3.1 gibt beispielsweise einen groben Überblick über die Ausgaben von Frankfurt am Main im Jahr 2017.

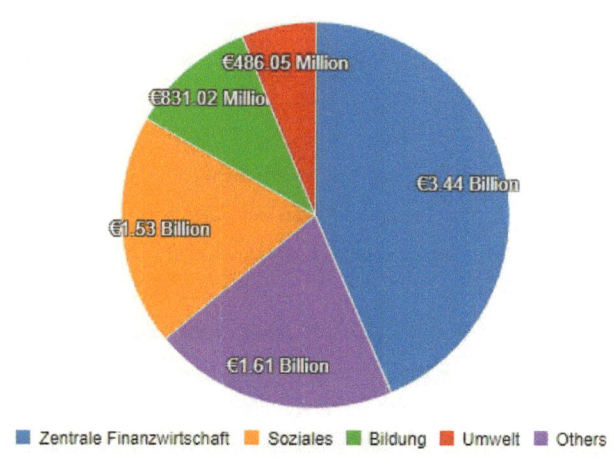

Abbildung 3.3: Haushalt von Frankfurt am Main, 2017 (OpenSpending, o.J., Frankfurt am Main)

Linked Open Data (LOD) bezeichnet eine Kombination aus Open Data als auch Linked Data: Die Strukturierung und Verknüpfung von Daten, die für Dritte verfügbar sind und zu deren freien Verfügung stehen (vgl. *Amar-Djalil, Van Nuffelen, Blaschke, 2014, S.155*).

3.2.2.2 Anwendungsbeispiele

Berners-Lee weist auf ein Anwendungsbeispiel in der Medizin hin, in welchem es um die Entdeckung neuer Medikamente gegen Alzheimer geht. Ein Wissensschaftler könnte zum Beipiel fragen: Welche Proteine sind an der Signaltransduktion beteiligt **und** stehen mit Pyramidialneuronen in Verbindung? Eine Google-Anfrage kann auf diese Frage keine Antwort liefern, wenn sich noch niemand zuvor die Frage gestellt und ein Dokument dazu ins Web gestellt hat. Bei diesen spezifischen Schlagwörten wird Google zwar tausende Ergebnisse liefern, jedoch keines, das die Frage wirklich beantwortet. Sucht man die beiden Begriffe in der Linked Data, die diese Wissenschaftler erstellt haben, so erhält man 32 Ergebnisse: 32 Proteine, die genau die beiden Eigenschaften aufweisen, nach denen gesucht wurde (vgl. *Berners-Lee, 2009, Min. 11:57*).

Nachdem der britische Erfinder 2009 Menschen und Organisationen bei einer TED-Konferenz dazu aufgefordert hatte, Rohdaten im Web zu verteilen, kehrte er ein Jahr später zurück auf das Podium um einige Beispiele, die sich zwischenzeitlich entwickelt hatten, bekanntzugeben. Die britische Regierung hatte seinem Aufruf Folge geleistet und auf ihrer Webseite Rohdaten über Fahrradunfälle in Großbritannien veröffentlicht. Da diese Daten den Standards für Linked Data folgten, wurden damit schon bald Landkarten veröffentlicht, die zeigten, wo die meisten Fahrradunfälle vorkamen, ob eventuell der eigene Fahrradweg betroffen war und welche Wege ungefährlicher waren (vgl. *Berners-Lee, 2010, Min. 00:51*) . Folgende von der BBC bereitgestellte Landkarte veranschaulicht auf diese Weise, welche Wege in der Vergangenheit eher von Verkehrunfälllen betroffen waren. Diese Information kann dazu beitragen, Gegenmaßnahmen zu solchen Unfällen zu treffen.

Ein Anwendungsbeispiel für Open Data kommt aus der Katastrophenlogistik. Kurz nach dem Erdbeben in Haiti im Jahr 2010 veröffentlichte das Unternehmen GeoEye Satellitenaufnahmen dieser Region zur freien Verwendung. Freiwillige nutzen diese Aufnahmen, um Flüchtlingslager zu markieren, sodass bald eine Karte entstand, die in Echtzeit blockierte Straßen, beschädigte Häuser und Flüchtlingslager anzeigte. Für Rettungs- und Hilfsarbeit waren diese Informationen äußerst hilfreich (vgl. *Berners-Lee, 2010, Min. 04:03*).

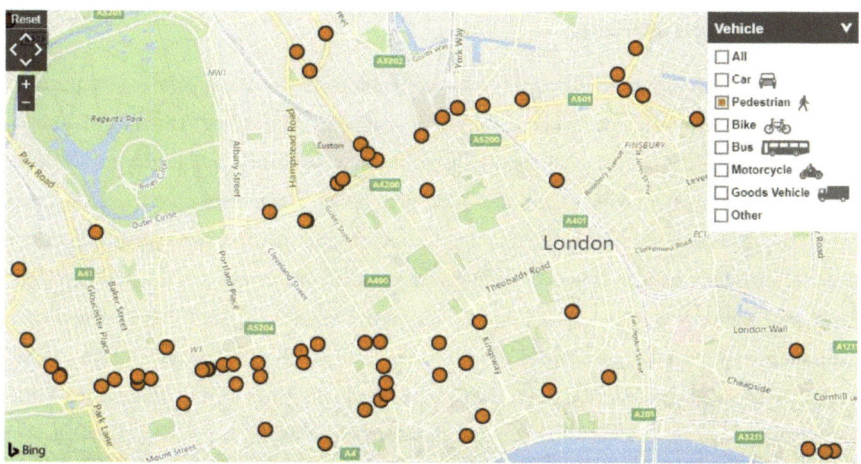

Abbildung 3.4: Tödliche Autounfälle mit Fußgängern im nördlichen London (BBC, 2011, Every death on every road in Great Britain 1999-2010)

Das Thema Open Data ist in öffentlichen und regierungsnahen Einrichtungen am sichtbarsten, wie aber sieht es in Unternehmen aus, wo man ein scheinbar geringeres Interesse daran hat, wertvolle Unternehmensdaten preiszugeben? Drei europäische Forscher behaupten, dass es in auch in Unternehmen einen starken Trend vom konventionellen Information Management hin zum Linked Open Data-Paradigma gebe. So können Datenansammlungen aus unternehmens-internen oder -externen Quellen durch semantische Verbindungen qualitativ bereichert wer-den, indem zum Beispiel unvollständige Daten durch ähnliche Datensets ergänzt werden. Durch die Nutzung von Linked Data-Technologien im Unternehmen kann auch dem Problem der Daten-Heterogenität begegnet werden, sodass eine echte Integation der Daten im Ge-schäftsumfeld erreicht werden kann. Vorteilhaft ist außerdem, dass die Linked Data-Technologie angewandt werden kann, ohne dass bestehende Infrastrukturen geändert werden müssen (vgl. *Amar-Djalil, Van Nuffelen, Blaschke, 2014, S.155-157*). Im Unternehmensum-feld geht es also weniger darum, interne Daten öffenltlich zugänglich zu machen, sondern vielmehr um die semantische Verbindung der Daten zu deren besserer Verwendung.

4 Schlussbetrachtung

Die vorliegende Arbeit hat einen Einblick in die Welt des World Wide Web gegeben und hat gezeigt, dass dieses heute so relevante Netzwerk erst Jahre nach seiner Erfindung als solches anerkannt wurde. Die spannende Funktionsweise des Internet wurde kennengelernt, sowie die des darauf basierenden Web. Damit das Web sich zukünftig weiterhin als freies Netzwerk entwickelt, das die Demokratie, Bildung und Kommunikation fördert, muss allerdings gehandelt werden. Verschiedene Herausforderungen stehen dem Web entgegen, denen durch Organisationen wie dem W3C, aber auch durch viele andere Initiativen, wie beispielsweise die Organisation webwewant.org, begegnet werden kann. Dass das Web noch viel vor sich hat, zeigen Web-Technologien wie WebRTC oder Linked Data, die beide einen interessanten Mehrwert versprechen und sicher ihren Beitrag dazu leisten können, den Alltag der Menschen durch das Web weiter zu verändern und zu vereinfachen.

5 Literaturverzeichnis

Allianz: Versicherungsbetrug: Die größten Tricks, o.J., online unter: https://www.allianz.de/auto/kfz-versicherung/versicherungsbetrug/ (22.03.18).

Amar-Djalil, M., Van Nuffelen, B., Blaschke, C.: Building enterprise ready applications using linked open data. In: Linked Open Data--Creating Knowledge Out of Interlinked Data, S. 155-174. Springer, Cham, 2014.

Baran, P.: On Distributed Communications: Introduction to Distributed CommunicationsNetworks. The RAND Corporation, 1964.

BBC: Every death on every road in Great Britain 1999-2010, 02.12.2011, online unter: http://www.bbc.com/news/uk-15975720 (30.03.18).

Berners-Lee, T.: The Next Web, TED, Februar 2009, online unter: https://www.ted.com/talks/tim_berners_lee_on_the_next_web/transcript (30.03.18).

Berners-Lee, T: The year open data went worldwide, TED, Februar 2010, online unter: https://www.ted.com/talks/tim_berners_lee_the_year_open_data_went_worldwide#t-50958 (30.03.18).

Cambridge Semantics: The Many Names of the Semantic Web, o.J., online unter: https://www.cambridgesemantics.com/blog/semantic-university/intro-semantic-web/many-names-semantic-web/ (01.04.18).

Castells, M.: Die Internet-Galaxie: Internet, Wirtschaft und Gesellschaft. Springer-Verlag, 2004.

CERN: Tim Berner-Lee's Proposal, März 1989, online unter: http://info.cern.ch/Proposal.html (11.03.18).

Deutscher Bundestag: "Definition für Netzneutralität finden, 2010, online unter: https://www.bundestag.de/dokumente/textarchiv/2010/30091915_kw24_pa_enquete/201930?view=DEFAULT (04.03.18).

Ebmeyer, S.: #kurzerklärt: Was bedeutet Netzneutralität? Tagesschau, 19.04.2017, online unter: https://www.youtube.com/watch?v=rPq-U5DGytM (04.03.18).

Gillies, J., Cailliau, R.: How the Web was born: The story of the World Wide Web. Oxford University Press, USA, 2000.

Gillies, J., Cailliau, R.: Die Wiege des Web: Die spannende Geschichte des WWW. Heidelberg: dpunkt.verlag GmbH, 2002.

Heise: EU-Digitalkommissar will Netzneutralität verteidigen, 27.02.2018, online unter: https://www.heise.de/newsticker/meldung/EU-Digitalkommissar-will-Netzneutralitaet-verteidigen-3979368.html (05.03.18).

Intel, Dalberg: Women and the Web: Bridging the Internet gap and creating new global opportunities in low and middle-income countries, 2012.

Internet.org: State of Connectivity, 2014: A report on Global Internet Access, 2014.

Internet Live Stats: Internet Users, o.J., online unter: https://www.internetlivestats.com/internet-users/ (02.04.18).

Internet World Stats: Internet Usage Statistics, 31.12.2017, online unter: https://www.internetworldstats.com/stats.htm (02.04.18).

Lackes, R: Protokoll: Ausführliche Definition, 19.02.2018, online unter: https://wirtschaftslexikon.gabler.de/definition/protokoll-45140/version-268438 (30.03.18).

Laudon, K. et al.: Wirtschaftsinformatik: Eine Einführung, 2. Auflage. Pearson Studium, München, 2010.

Netcraft: Web Server Survey, März 2018, online unter: https://news.netcraft.com/archives/2018/03/27/march-2018-web-server-survey.html (02.04.18).

OpenSpending: Haushalt von Frankfurt am Main 2017, online unter: https://openspending.org/viewer/446674d02a1cdff9229f73129714e152:frankfurt_a_m?measure=%22value.sum%22&groups%5B%5D=%22administrative_classification_2.Produktbereich_Bezeichnung%22&filters%5Bdate_2.Haushaltsjahr%5D%5B%5D=2017&order=%22value.sum%7Cdesc%22&visualizations%5B%5D=%22PieChart%22&lang=en (01.04.18).

Palat, M., Hart, J,: WebRTC for Dummies: Sonus Special Edition, John Wiley & Sons, 2014.

Schneider, M, Enzmann, M., Stopczynski, M.: Web-Tracking-Report 2014. Fraunhofer-Institut fur Sichere Informationstechnologie SIT, Darmstadt, 2014.

Quobis: Customer Onboarding, o.J., online unter: https://www.quobis.com/use-case/customer-onboarding/ (22.03.18).

Quobis: Context Evaluation, o.J., online unter: https://www.quobis.com/use-case/context-evaluation/ (22.03.18).

Sokolov, D.: WWW: Tracking-Methoden werden brutaler, Browser-Hersteller schauen weg, 19.02.2018, online unter: https://www.heise.de/newsticker/meldung/WWW-Tracking-Methoden-werden-brutaler-Browser-Hersteller-schauen-weg-3718112.html (17.03.18).

VPSNotes: Beginner Tutorial - Buying and Preparing a Domain Name, 25.01.2014, online unter: http://vpsnotes.com/beginner-tutorial-buying-and-preparing-a-domain-name (30.03.18).

W3C: About W3C, o.J.a, online unter: https://webfoundation.org/about/vision/history-of-the-web/ (06.03.18).

W3C: Architecture of the World Wide Web, Volume One, 15.12.2004, online unter: https://www.w3.org/TR/webarch/ (02.03.18).

W3C: Help and FAQ: What is the difference between the Web and the Internet?, o.J.b, online unter: https://www.w3.org/Help/#webinternet (02.03.18).

W3C: Answers for Young People?, o.J.c, online unter: https://www.w3.org/People/Berners-Lee/Kids.html (11.03.18).

W3C Deutschland/Österreich: W3C in sieben Punkten, 17.04.2013, online unter: http://www.w3c.de/about/sieben-punkte/ (29.03.18).

WebRTC Ventures: WebRTC support in Safari 11, 06.06.2017, online unter: https://webrtc.ventures/2017/06/webrtc-support-in-safari-11/ (22.03.18).

World Wide Web Foundation: History of the Web, o.J., online unter: https://webfoundation.org/about/vision/history-of-the-web/ (06.03.18).